I0427930

IMAGINARIA DE LA EXAGERACIÓN

Luis Carlos Molina Acevedo

Titulo: Imaginaria de la Exageración

Primera Edición

Copyright ©1990 Luis Carlos Molina Acevedo

Segunda Edición

Copyright ©2015 Luis Carlos Molina Acevedo

©De los Textos: Luis Carlos Molina Acevedo

Autor: Luis Carlos Molina Acevedo

Contacto: lcmolinaa@yahoo.es

http://lcmolinaa.blogspot.com

Diseño de Carátula: Luis Carlos Molina Acevedo

Revisión de Estilo: Luis Carlos Molina Acevedo

Ilustraciones Interiores: Luis Carlos Molina Acevedo

ISBN-13: 9781514301586

ISBN-10: 151430158X

Sobre el Autor

Luis Carlos Molina Acevedo es Comunicador Social y Magíster en Lingüística de la Universidad de Antioquia, Colombia. Ha publicado más de veinte libros para las Librerías en Línea, así:

Quiero Volar, El Alfarero de Cuentos, Virtuales Sensaciones, El Abogado del Presidente, Guayacán Rojo Sangre, Territorios de Muerte, Años de Langosta, El Confesor, El Orbe Llamador, Oscares al Desnudo, Diez Cortos Animados, La Fortaleza, Territorios de la Muerte, La Edad de la Langosta, Del Donjuanismo al Vampirismo Sexual, Imaginaria de la Exageración, La Clavícula de los Sueños, Quince Escritores Colombianos, De Escritores para Escritores, El Moderno Concepto de Comunicación, Sociosemántica de la Amistad, Magia: Símbolos y Textos de la Magia.

I Want to Fly, From Don Juan to Sexual Vampirism, The Clavicle of Dreams, and The Imaginary of Exaggeration.

Contenido

Presentación

IMAGINARIA DE LA EXAGERACIÓN es un ensayo cultural sobre la cultura del suroeste antioqueño, Colombia. Desde la tradición oral, se aborda el estudio de los procesos psíquicos, mediante los cuales, el campesino elabora sus productos culturales, en especial, los relacionados con la imaginación.

La realidad cultural se construye a partir de símbolos y textos, plasmados en relatos orales. En ellos se guarda la memoria de la comunidad y los referentes para la educación de las nuevas generaciones. Un lugar especial, es ocupado por los preceptos éticos y morales. Los relatos de la tradición oral, además de divertir, educan en los valores éticos y morales deseables para la sana convivencia.

Debo agradecer y hacer un reconocimiento a la labor de Gabriel Jaramillo Echeverri. Desde su posición de Director Académico del Instituto de Integración Cultural, Recinto de Quirama, Colombia, hizo un gran aporte a los estudios de la cultura antioqueña.

Mediante la publicación de los Cuadernos

Académicos de Quirama, logró una gran difusión cultural entre los círculos académicos del país. Además de la publicación, también conformó equipos de investigación cultural. En 1989 se conformó un equipo de cinco investigadores, alrededor del tema de las Formas Simbólicas de la Cultura Antioqueña. Producto de ese trabajo, se publicó el cuaderno académico #9, Medellín 1990. En él se recogió los trabajos escritos de cada uno de los investigadores. Uno de los escritos es "Imaginaria de la Exageración".

Distanciar el Yo

Algún día reciente comenté: Hoy me están saliendo las cosas mal. Mi interlocutor contestó: Quizá te levantaste con el pie izquierdo. Estaba seguro de no ser así, sin embargo dije: Tal vez debe ser por eso. Y estaba seguro de no ser así, porque todos los días me levanto con el pie izquierdo. La disposición de mi cama obliga a ello. Siempre debo poner en el piso, primero el pie izquierdo, luego el derecho. Hago memoria y durante casi toda mi vida ha sido igual. Más dije, tal vez es por eso. Pienso en lo dicho y encuentro una sorprendente concreción del agüero, producto de una creencia arraigada en mi inconsciencia. La sorpresa se hizo mayor, cuando me decidí a explorar los recónditos orígenes de tal agüero. En algún oscuro laberinto se hallaba el mito ambivalente de lo diestro y lo siniestro. En este vericueto se nos descubren los conceptos del bien y el mal plantados con sus raíces aferradas a nuestra visión del mundo.

¿Pero se mencionó mito? Eso quiere decir, entonces, en algún lugar mental hay un sustento simbólico donde Dios y el Diablo libran su lucha más encarnizada. Estos símbolos como los símbolos, remiten a referentes materiales plasmados en múltiples representaciones icónicas como pueblos hay en el mundo. Tras de cada imagen se exteriorizan los mitos, requeridos por cada pueblo para existir, para darle forma a su realidad. A eso, lo llamamos cultura. Es en ese sorprenderse frente a las múltiples conexiones culturales, generadas por un desprevenido agüero, donde tiene comienzo esta investigación sobre la cultura del suroeste antioqueño y sus formas simbólicas. A lo largo de estas líneas iremos descubriendo cómo se construyen los imaginarios de una cultura, cuando la exageración se toma la palabra en noches alumbradas y calentadas por unas brazas de tizones, mientras arden en el fogón de leña.

Un simple acto del habla cotidiana oculta todo un mundo simbólico adquirido culturalmente. Cada mundo simbólico particular, se construye una y otra vez a través de la tradición oral hasta tomar una forma compleja. En la tradición oral asistimos a la expresión de un mundo simbólico, pero en un proceso más complejo, donde lo simbólico se articula con lo imaginario y lo real. La tradición oral, incluso, va más allá. Da cuenta de las relaciones mutuas entre sus diferentes aspectos, manifiestos en las esferas de la producción, de las relaciones sociales y las prácticas ideológico-culturales de la vida diaria dentro de una comunidad concreta.

Nací en una ladera de Cerro Bravo en Fredonia (Antioquia), Colombia, y de frente a Cerro Tusa (Venecia). No se podría decir cuál de los dos cerros es más mágico. Por un lado, Cerro Tusa con su imponente figura de pirámide, y del otro, Cerro Bravo con su nube permanente en la cima a modo de aureola de santo. Parece como si estuvieran allí para custodiar una cultura maravillosa, esa cultura del suroeste antioqueño. Debí entrar a estudiar a la universidad para reconocer la dicotomía y pudiera mirar desde lejos la riqueza de nuestra cultura. La migración a la ciudad y la permanencia en ella por tanto tiempo, terminó por alejar los orígenes. Hizo externa a mí esa cultura, y ahora podía observarla e investigarla como algo ajeno a mí. Entonces me di a la tarea de rescatarla desde la tradición oral.

Todavía no acabo de sorprenderme con los hallazgos, revelados por cada discurrir de esas voces experimentadas de la tradición oral. Guardan tesoros de una vida pasada llena de luchas. Esperanzas puestas en un futuro mejor y nosotros debemos continuar. Mas la fascinación mayor, llega con el crepitar de esos fenómenos creados en las narraciones. Ellos espantan y atemorizan. Emergen de los reflejos de luz y sombra. Se apoderan de todo nuestro valor y les concedemos el poder de aterrorizarnos. De ellos quiero hablar ahora.

Luis Carlos Molina Acevedo

Lo Imaginario En Antioquia

En la cultura del suroeste antioqueño confluyen varias culturas de otras regiones antioqueñas y de fuera de Antioquia. La mayor parte de la población se formó con los emigrantes, atraídos por el cultivo del café. Cada uno llevaba su cultura y allí se fundía con la de los demás para formar una global y compleja. Tal sumatoria de culturas hace posible extender algunas características allí encontradas, a toda Antioquia. El campesino del suroeste antioqueño hace de la tradición oral una actividad educativa y emocionalmente terapéutica. En sus relatos sobre espantos y aparecidos hay una expresión lúdica y un afán de proteger a las generaciones jóvenes frente a los rigores de la vida. Por las historias de la tradición oral circulan los preceptos morales y éticos. Las nuevas generaciones los deben interiorizar en sus comportamientos habituales.

Dicha actividad se apoya en la imaginación. En el antioqueño no debe mirarse la imaginación como la simple evocación o el simple intercambio simbólico. Lo imaginario dota al antioqueño de la aptitud necesaria para aprehender la realidad de manera práctica y adquirir ciertas habilidades para resolver las dificultades, impuestas por la realidad cada día. Lo imaginario se comprende desde el mundo simbólico adquirido. Con ello el campesino, a través de su voz, hace de la realidad algo maravilloso y digno de ser oído. El oyente se maravilla de oír la deformación de la realidad circundante. No es la realidad lo descrito con la palabra del narrador oral, es la realidad metamorfoseada.

Para ilustrar mejor lo anterior, se puede traer a cuento la historia narrada por Julián Bolívar del municipio de Concordia y con 78 años de edad, para la época de la entrevista:

"La madremonte es un animal peludo de dos patas, parada en dos patas y como un oso, pero si lo encuentra un bejuquero (cosechador de bejuco), él cambia a burro. Mi papá se fue a bejuquear. En unas peñas había bejuco de cestillo para hacer canastos y recoger maíz. De las peñas salió ese animal con uñas así (utiliza sus dedos para mostrar el tamaño) y se le fue a abrazarlo. Él se defendió, pero no le entraba el machete de 20 pulgadas, parecía un balín de lo duro. Entonces se acordó del pedazo de cera bendita de contra para el diablo. Abrió el carriel y sacó la cera. Hizo una cruz en el machete. Cuando esa bestia vio lo hecho por mi padre, suplicó: no me vaya a matar. Él la mató para defenderse. Eso volaba el pelero".

Como se puede ver, la figura de la madremonte ni es mujer ni es oso, pero tiene algo de las dos cosas. Es decir, se crea un nuevo ser. No es concreto, debido al poder de las palabras para metamorfosear lo nombrado por ella. La palabra crear seres no sensoriales y por eso capta el interés del oyente. Es otra realidad la descrita en el relato y ésta solo puede concebirse como una deformación de la realidad concreta. Debe repararse en la anterior historia, los elementos conservados de la realidad concreta como son, el acto de bejuquear, común entre los campesinos, la utilización del bejuco para hacer los canastos recolectores del café o del maíz, la costumbre de cargar el machete de 20 o 22 pulgadas, y la otra costumbre no menos frecuente de cargar la cera virgen entre el carriel.

Se habla de realidad metamorfoseada en cuanto podemos hacer de nosotros y de la realidad unos otros. Es decir, tenemos la capacidad para darle forma a nuestros deseos, a nuestros temores. Le damos existencia exterior a nuestros fantasmas internos, en la realidad metamorfoseada. Hay una cierta magia para transmutar y transformar la realidad de acuerdo con nuestras necesidades indeterminadas, puramente psíquicas, es decir, aquellas sin satisfacción práctica. No hago de esta capacidad algo particular del campesino antioqueño, pues todo hombre en mayor o menor grado la tiene. Lo destacado del campesino antioqueño, es su funcionalidad social para resolver problemas cotidianos y satisfacer necesidades psíquicas tanto individuales como comunitarias. Otros pueblos prefieren la confesión con el sacerdote, y en las ciudades modernas el cine o el psicoanálisis. Quienes no tienen un mecanismo de escape, terminan mostrando un comportamiento inusual y se los califica de locos y anormales. Son presas del desequilibrio por la insatisfacción psíquica. Estos relatos son dispositivos culturales para mantener la cordura, la salud psíquica.

La palabra en la tradición oral, confiere a todo

cuanto nombra, un aire de leyenda, sin llegar necesariamente a ser tal. Transporta fuera de la realidad a todo cuanto cae en su campo. Más no puede prescindir de la realidad. Por eso la puesta en situación es casi ritual. El ritual comienza después de llegar del corte, comer, y rezar la oración. Los trabajadores quedarán, entonces, a la expectativa. Esperarán hasta cuando el narrador dé inicio a sus historias. No solo trabajadores, también los hijos y nietos de la casa. Es un acto silencioso. El narrador lo interpreta y procede en consecuencia. Otras veces, él estará de buen genio y sin esperar la demanda, dará inicio a su discurrir. El narrador en ese momento buscará la proximidad a una luz y los oyentes le rodearan ansiosos. Miremos al narrador y a los oyentes en el momento de iniciarse la actividad de tradición oral. Debe hablarse de actividad en cuanto la tradición oral forma parte de las tareas diarias para el campesino, bien como narrador, o bien como oyente. En este sentido la tradición oral está a la altura del trabajo, la alimentación y la oración, actos realizados por el campesino todos los días.

Aspectos De La Tradición Oral

La puesta en situación

Llega la noche escasamente iluminada por la llama, bien sea de una vela, o de una sarta de higuerilla, o de un fogón de leña. Tomemos este último, en cuyo caso los oyentes y narrador se sientan a la entrada de la cocina para darles espacio a las mujeres. Ellas, a su vez, preparan las arepas de choclo y el chocolate de la merienda. ¿Qué ven los oyentes en el narrador, sentado frente a ellos en ese momento?, solo a un ser amorfo, producto amorfo de las áreas iluminadas y las oscuras, dejadas de iluminar por el reflejo lejano del fogón de leña. Ven un contraluz, delineado por los reflejos de luz a su espalda. Es decir, los oyentes realmente tienen delante a un hombre deformado. Tienen a un monstruo dormido, de luz y sombra, quien les narra realidades igualmente deformadas por la imaginación con la cual metamorfosea la realidad para hacerla digna de ser oída. Un ser amorfo, resultado de las sombras y los reflejos proyectados por la candela del fogón. Una historia deformada por la capacidad de exagerar con la palabra.

Alguna vez tuve ocasión de experimentar la

sensación de la situación descrita antes. La otra persona delante de mí, apenas era un reflejo de luces mortecinas, proyectado por brasas rojas del alejado fogón. Su voz me transportó a otro mundo. Sentí a esa persona parte de mí. Se produjo un desdoblamiento. Su narración sonaba como una confesión. Me encontré cómplice de mí mismo, donde la otra persona era una parte integrada en mí. Un espectro de sí hablaba de sí mismo. La sensación es solo comparable a la experimentada en el cine, con una diferencia radical, no se está exento de peligro. Mientras en el cine se puede participar de la acción sin correr riesgos, en la tradición oral el riesgo existe. Aquí se participa y se es protagonista a la vez de la acción. Hay una relación directa con el narrador. Son dos fenómenos, producto del juego entre luz y sombra, pero con modos distintos de participación.

Tenemos entonces, un primer elemento deformador de la realidad y propiciador del desdoblamiento para el oyente de la tradición oral: Los reflejos de luz y sombra.

Un segundo elemento de la puesta en situación es la sonoridad de la voz del narrador. Ésta aísla a los oyentes del entorno y la realidad. Por eso no todos pueden ser narradores orales. La voz debe tener ritmo, entonación y un acertado manejo de los silencios o pausas. La sonoridad con la voz introduce además la duración real del relato, el tiempo universal en segundos, minutos y demás.

La voz marca el tiempo de duración de la narración como acto. Más adelante trataré de los otros tiempos. Pero hay un elemento o efecto de la voz más importante aún. La voz es la encargada de transmitirle movimiento a la narración y por ende a las imágenes, evocadas mentalmente. No debe olvidarse algo fundamental. El movimiento es la potencia decisiva de la realidad, por él son reales el tiempo y el espacio. El movimiento en la tradición oral es complejo, en cuanto debe introducirse a partir de los ademanes del narrador y la cadencia de la voz. Esto hace a la tradición oral creíble, sin importar lo fantástico de su contenido. La credibilidad no se soporta en un criterio de verdad, sino en la relación de los diferentes elementos constitutivos.

Los dos elementos anteriores de la puesta en situación, son los encargados de aislar al oyente de la realidad para transportarlo a lo imaginario, sin él ser consciente de ello. Junto a estos dos elementos, hay un tercero. Tiene la función de mantener un cierto vínculo entre el oyente y la realidad para darle más vivacidad a la narración. Se trata de la abstracción hecha de la atmósfera presente para trasladarla a la historia narrada. Así, el oyente al estar captando con los sentidos el ambiente circundante, se predispone a vivificar la historia narrada con más intensidad. Iguala, inconsciente, lo percibido del entorno con el contexto propio de la narración. Por eso es usual oírle, al narrador, decir: "En una noche fría como esta, o una noche lluviosa y azarosa como esta, o una noche con una luna como la de hoy, o una noche hermosa como esta...". El narrador engancha inconscientemente, también, al oyente. Lo sitúa en medio del entorno inmediato y el contexto de la historia, así no puede diferenciar entre los dos. La atmósfera, entonces, es impuesta a la historia, pero ella determina la selección de las historias a contar. Solo serán contadas si encajan en la atmósfera presente. Es una selección, hacha de modo inconsciente por el narrador. Con ello logra, sin darse cuenta, dotar de coherencia a lo contado. No debe olvidarse cómo el campesino hace esto de modo inconsciente. Si se le preguntará cómo hace cuanto hace, no sabría explicarlo. Simplemente lo hace. Es una destreza adquirida culturalmente. Con estos tres elementos de la puesta en situación, el oyente es trasladado al mundo imaginario donde la realidad es aprehendida con palabras, y éstas, a su vez, remiten a imágenes simbólicas adquiridas culturalmente.

No sobra advertir cómo la puesta en situación descrita anteriormente, corresponde a la tradición oral como práctica colectiva dentro de una comunidad determinada. Y como es inconsciente, al abordar la tradición oral como objeto de investigación, el investigador debe reconstruir de un modo consciente, dichas condiciones. Es así, como el narrador alcanzará a desempeñar el papel asignado por la familia y la comunidad. No es gratuita la circunstancia observada en el momento de ubicar informantes dentro de la investigación realizada. Cuando se preguntaba quienes sabían historias del pueblo, al investigador se le remitía hacia miembros específicos de la comunidad. Las personas le dicen a uno: vaya donde fulano de tal, ese sabe mucho y tiene "el palito" (talento) para eso. La misma comunidad lo reconoce, no basta saber los hechos de la región, hace falta además una cierta habilidad para comunicarlos. La tradición oral, entonces, es colectiva por el contenido y particular en la forma, en la transmisión, en cuanto se asigna esta función a determinados miembros.

La puesta en situación de la tradición oral, en

consecuencia, es la fase previa o de preparación del narrador, para contar la historia, y está conformada por tres elementos:

1. Los reflejos de luz y sombra

2. La sonoridad de la voz

3. La abstracción del entorno para proyectar la atmósfera del relato.

Luis Carlos Molina Acevedo

El Tiempo en la Tradición Oral

El investigador de la tradición oral, además del proceso de la puesta en situación, debe hacer conciencia de la estructura seguida por la narración oral. Inicialmente enunciemos el tiempo. Se narra en un pasado rememorado con frecuentes alusiones al presente. Al respecto son comunes las expresiones: "Las mujeres de ese tiempo eran muy decentes para vestir, no eran como las de hoy, quienes lo muestran todo", o "en ese tiempo no faltaba la comida, no había la carestía de hoy".

Debe entenderse por pasado rememorado, la narración hecha de un hecho pasado, pero con la emoción de estarlo viviendo en el presente. Por eso a veces se acude a verbos en presente y gestos de teatralidad. En ello radica la importancia de la tradición oral, en echar mano de hechos pasados en cuanto aporten al presente.

El tiempo en cuanto duración, es dilatado en los momentos culminantes y emocionantes. Estos momentos siempre se refieren a emociones fuertes tales como el miedo, el asombro o el triunfo. Y es acelerado en los momentos insignificantes, por lo general momentos descriptivos, de entrega de datos, para hacer comprensible la acción en el oyente. Son momentos más explicativos y menos narrativos.

El tiempo en cuanto sucesión, puede dar marcha atrás para explicar detalles precisos, pasados por alto. Por ejemplo, en medio de la narración, se puede decir: "había pasado por alto decir...". Como también puede adelantarse a la acción para resaltar la importancia de lo contado, por las repercusiones posteriores y captar así una mayor atención del oyente. Por ejemplo, en medio de la narración, se puede decir: "él después se debió ir de la región..."

El Espacio en la Tradición Oral

En cuanto al espacio recreado en la narración oral, se logra con la alusión a elementos conocidos por el oyente. Aquí tiene un valor indiscutible, el conocimiento del narrador oral sobre el entorno donde sucedió el hecho narrado. La mayor cualidad del narrador radica en ser un observador desprevenido, pero profundo en el momento de reconstruir el espacio. Él lo puede reconstruir con nombres de árboles, animales y cosas.

El narrador posee una capacidad aguda para capturar los rasgos distintivos y necesarios para darle presencia verbal al sitio. Y si fuere necesario, marcará las diferencias más significativas del espacio, cuando la acción se desarrolle en un lugar desconocido para el oyente. En la creación del espacio también cuenta mucho lo simbólico evocado en ruidos, formas, olores y sensaciones. Se transmiten con alusiones directamente referidas a seres de aceptación general. Demos por caso el olor a azufre como evocador del diablo. Este espacio creado verbalmente, es complementado de forma psicológica por el oyente a partir de la atmósfera introducida por el narrador al inicio de la narración. Se toman los elementos reales, cercanos al oyente en ese momento y se trasladan a la historia, para darle más fuerza y convicción.

Figuras Narrativas

Abordemos ahora la forma como se comunica el hecho. Como va dicho, se prefiere la narración para darle fuerza a lo contado. Pero esta narración tiene dos momentos culminantes. Por un lado, el oyente es trasladado a un momento imaginario y desde allí participa de la narración imaginaria como segundo momento. Es decir, comprende la realidad aprehendida con imágenes verbales. No solo los iconos producen imágenes, también el habla, la escritura y la música. En cuanto al antioqueño, hay un elemento determinante. Atraviesa toda su cultura y define a ésta en su particularidad. Ese elemento esencial es la exageración. Con ella el campesino puede crear las imágenes más despampanantes.

La exageración es construida con aumentativos (esa era tan grande, tan grande que llegaba hasta el cielo), o por exaltación de las situaciones cotidianas (con cada choque de los machetes, volaba el chispero más impresionante). La exageración se une a la comparación para crear el imaginario de la narración oral (esa bestia era como un oso, pero con hojarasca en vez de pelo). La hojarasca convierte al oso en algo distinto de él, lo convierte en la madremonte.

La comparación es muy importante en la tradición oral del suroeste antioqueño. Con ella se puede dar la apariencia física de los seres míticos. Como son seres inexistentes, o imaginarios, no se puede constatar su corporeidad en la realidad. Para hacerlas creíbles, se los dota de rasgos físicos prestados. Se acude entonces a la experiencia del oyente. Se toman rasgos de diferentes objetos o seres y se trasladan al ser imaginario para crear una nueva entidad.

Tomemos por caso a la Madremonte, entonces se dirá: "Eso era parecido COMO a un oso grande con el pelo tieso y unas uñas así de largas". Aquí se observa una particularidad. Al narrador se le concede cierta libertad de jugar con lo descriptivo, en tanto respete los atributos asignados de forma colectiva al mito. De la Madremonte, por ejemplo, se conservan características tales como: vive en el monte, adopta la apariencia materna y por eso los chicos se van con ella, creyéndola su madre. En vez de cubrirse con vestuario, está cubierta con hojarasca y elementos de la naturaleza.

Pero el principal papel de la comparación, está en introducir nuevos seres o seres de otra parte, ajenos a la región. Con la comparación se incorporan nuevos seres y nuevos objetos al imaginarlo colectivo. La comparación puede tomar la forma: "Eso era como", o "hágase de cuenta", o "eso era parecido a". La exageración y la comparación son las dos herramientas con las cuales el campesino del suroeste antioqueño construye su cultura. Ello se debe a la tendencia del campesino para aprehender los conocimientos tradicionales a partir de modelos pragmáticos de la realidad ya conocida y codificada.

Imaginaria de la Exageración

Es decir, a partir de arquetipos prácticos en los cuales domina la figura de la semejanza como forma de conocimiento.

Luis Carlos Molina Acevedo

Lenguaje no verbal

Otro elemento determinante en la forma de comunicar el hecho oral, es el lenguaje no verbal. Aquí entran los gestos y lo más importante, los trazos hechos por el narrador con sus dedos en la superficie más próxima a él, para dar la idea de la forma de los objetos nombrados, además de los movimientos adoptados para imitar a los seres imaginarios de la historia contada.

Es frecuente ver al narrador, trazando formas en el piso o en el aire, para dar una idea del aspecto físico del ser protagonista de la historia. También puede usar las dos manos para dar una idea del tamaño del ser imaginario. Con sus manos puede señalar a los puntos geográficos para ubicar en el espacio al oyente. Con sus manos también puede imitar acciones del ser imaginario. Y con su rostro, puede representar expresiones de los seres imaginarios.

Las manos y el rostro, son dos instrumentos importantes para dotar de vida a los personajes de la tradición oral. Casi se podría hablar de una posesión, o de la manifestación de un médium. En esto me ha llamado sobre manera la atención, la capacidad teatral del campesino para adoptar los ademanes y movimientos de seres mitológicos como la Madremonte, la Patasola y otros. Lo imaginario en la tradición oral, entonces, está creado de un modo inconsciente por tres elementos adquiridos culturalmente:

1. La puesta en situación

2. Las figuras narrativas del habla (la exageración y la comparación)

3. El lenguaje no verbal.

Los Personajes

Hay un último elemento en la estructura de la narración oral. No lo quiero pasar por alto y son los personajes. Con intención lo he dejado para el final, pues ellos tienen una función social importante. Los personajes corresponden a dos categorías. Unos son los conocidos y aceptados por la comunidad y puestos en situaciones diferentes. Se mantienen igual los personajes y cambian las situaciones. Es el caso de los mitos, leyendas y demás.

En la segunda categoría, se encuentran los personajes nuevos puestos en situaciones conocidas, aceptadas por la comunidad. Se mantienen igual las situaciones y cambian los personajes. Es el caso de los personajes revestidos con los atributos y cualidades, reconocidos por la comunidad como extraordinarios. A éstos pertenecen los bravos (personas expertas en la pelea a machete o "grima"), curanderos (curan a las personas con secretos mágicos), hechiceros (usan la magia negra para hacer el mal), rezanderos (curan a las personas usando oraciones mágicas), magos, brujas, y demás.

Con la primera categoría de personajes se introduce una dialéctica de los valores y las costumbres. Con la segunda, se recoge una dialéctica de renovación en los arquetipos.

Un ejemplo aclarará más lo anterior. En el primer tipo de personajes, tomemos al diablo. Éste siempre se aparece en las noches sin luna, con forma de perro, echando candela por boca, ojos y nariz. Este personaje es invariable. Su aspecto es el mismo, cambian las situaciones. Unas veces le saldrá al hombre quien trasnocha demasiado. Otras veces al novio quien se quedó hasta tarde en la casa de la novia. Y en otras, le sale al hijo desobediente. Con el diablo se busca inculcar unas costumbres y unos valores. Estas historias le dicen al oyente, de modo indirecto, no se debe trasnochar, no se debe ser desobediente. Transgredir estos preceptos, es exponerse a ver el diablo en las noches oscuras, y a ser llevado por él a los infiernos.

En la segunda categoría de personajes, en cambio, la situación permanece invariable, mientras los personajes son permutados una y otra vez. Tomemos como ejemplo las peleas a machete (se le llama grima, en vez de esgrima). Siempre serán las mismas entradas y salidas con el machete, pero en una época los bravos fueron los Carrasquilla, en otra los Mejía y así sucesivamente. Las entradas y salidas son invariables, se pueden aprender.

Las personas pagan altas sumas de dinero, para aprender el arte de la grima. La grima está constituida por los 33 movimientos para la pelea a machete. Son invariables y quien los aprende, siempre ganará. Si el encuentro se da entre dos maestros de la grima, por los movimientos se reconocerán y dejarán el pleito sin más. Es decir, se renuevan los arquetipos dignos de ser imitados. Todos querrán ser guapos como los Carrasquilla en su época y después lo querrán ser como los Mejía. Son personajes admirados y respetados, en general, por su gran capacidad para hacer las cosas, por diferenciarse de la gran masa.

Luis Carlos Molina Acevedo

La Proyección

Presento disculpas al lector por usar la primera persona en reiteradas ocasiones a lo largo de este texto, pero considero, me resulta más fácil transmitir así los diferentes aspectos del tema. De todas maneras, es el doble papel, creo, me corresponde desempeñar aquí, en cuanto investigador y miembro de la cultura investigada. A su vez, al lector le puede ayudar a entender mejor lo expuesto sobre lo imaginario como un efecto de los reflejos de luz y sombra, asunto del presente ensayo. Reconozco, quizá estas observaciones no se habrían dado si no me hubiera tornado en un ser distante. La universidad me dio los suficientes elementos para tomar distancia y volverme observador. Al alejarme del pueblo a temprana edad para ir a vivir a la ciudad, fui capaz de ver la cultura donde nací como algo externo a mí. Esto, considero, es un factor fundamental para la investigación. Pero a la vez, al haber nacido en ella, disponía de una sensibilidad especial para entender mejor las manifestaciones de esta cultura.

La doble condición de ser ajeno y cercano a la vez a la cultura del suroeste antioqueño, facilita la aproximación a su comprensión. Luego de esta aclaración, avancemos en esa comprensión de cómo se crea lo imaginario para articularlo entre lo simbólico y lo real.

Al margen de las discusiones epistemológicas generadas por las múltiples explicaciones de la forma como el hombre adquiere lo simbólico, yo he encontrado en el campesino del suroeste antioqueño la posesión de unos símbolos universales desde la niñez, por ejemplo el de la cruz. Junto a ellos posee otros símbolos adquiridos culturalmente en su comunidad, por ejemplo el del diablo, la desobediencia y el valor. Mientras los primeros se caracterizan por su fijeza, los segundos se modifican de acuerdo con el movimiento cultural. Estos últimos despiertan mi interés, en especial para el caso presente, los referidos a los reflejos de luz y sombra.

En los reflejos de luz y sombra se puede apreciar mejor la articulación de lo simbólico, lo imaginario y lo real. Sirva de ilustración dos ejemplos. Uno de ellos es el de la mata de salvia, un fenómeno extensible a casi toda Antioquia. Lo he recogido en diferentes sitios. Un segundo ejemplo representativo, es el perro negro. También lo he recogido en varios sitios, aunque no estoy seguro si puede extenderse a toda Antioquia. Entremos en materia entonces.

La siguiente historia fue narrada por José Ananías Sánchez de Fredonia y con setenta y dos años de edad, al momento de la entrevista: "A uno lo asusta es los nervios (plantea hipótesis). A mi apá (papá) le pasó la misma. Mi apá era sin miedo. El vivía lejitos de la Hacienda (Agualinda) y debía pasar por una cañada. Al pasarla había un rastrojo. Había un salvial florecido. Él iba de la máquina (el trapiche) de trabajar a las once de la noche o doce, a amanecer a la casa, cuando con el viento le hacía así (llama con la mano – lenguaje no verbal). Creía que lo llamaban. Antonces (entonces) él se asustó. Había una bajadita, pasaba la quebradita y había otra subidita. Pero antes de aquí, una luna muy resplandeciente (retroceso en el tiempo narrativo). Vio unos bultos blancos, pero no se imaginó fuera la salvia (avance en el tiempo narrativo, para especificarle al oyente cómo después del incidente, se pudo verificar la realidad de la mata de salvia, es decir, cuáles fueron las consecuencias de lo narrado). Antonces dijo: ¡Eh! Pero yo no me devuelvo. Antonces se siguió. Bajó la bajadita, pasó la cañada, subió al filo, cuando así por debajo del sombrero, miró, cuando vio que le hacían así (llama con la mano). Antonces le cayó un copo de salvia así pal (para el) camino. El lo que hizo fue que se agachó el sombrero, sacó el machete y le mandó el machetazo a lo que fue y siguió. Antonces al otro día: ¡Eh! ¿Qué me pasaría a mí? Al otro día: Yo corté lo que fue, yo corté lo que fue. Y al otro día cuando venía, sí señor, ahí estaba cortado el copo de salvia. Los nervios, no cierto (verificación de hipótesis con el oyente)".

Son muchas las historias recogidas como ésta y antes de explicar el fenómeno, complementaremos lo contado. La salvia (Salvia Palaefolia H.B.), es una planta popular y se encuentra con facilidad en la orilla de los caminos. Sus flores son azules y sus hojas olorosas. Éstas además, presentan un rasgo significativo. A su gran tamaño se añade la diferencia de coloración de las hojas. Mientras el envés es claro, casi blancuzco, la cara es verde oscuro y brillante. Por esto último, los campesinos la llaman la planta que alumbra. La planta califica perfectamente en los rasgos de luz y sombra, necesarios para la creación de seres imaginarios. En noches de luna, las hojas reflejan la luz de forma aleatoria, movidas por el viento, y asustan hasta al más valiente. Lo sorprendente está en lo insólito de todo esto. A pesar de conocer lo anterior, el campesino continúa asustándose. La explicación se encuentra cuando no se mira tal visión como un hecho aislado o circunstancial, sino como el componente de un complejo proceso psíquico. Éste conduce a la emoción de miedo, elaborado con anticipación a la situación enfrentada. Este proceso psicológico se aborda a continuación.

Fenómenos psíquicos

Al margen de las múltiples discusiones epistemológicas, generadas por lo psíquico en psicología, se reconocen dos tipos de fenómenos. Unos son los fenómenos psíquicos objetivos y otros los fenómenos psíquicos subjetivos. En términos psicoanalíticos, fenómenos conscientes e inconscientes. En los primeros, entonces, se producen, el razonamiento, el conocimiento, la lógica, el pensamiento y demás. Estos fenómenos son menos discutibles para la ciencia. Los fenómenos subjetivos, en cambio, aún no terminan de causar polémicas. Dentro de éstos, se produce el amor, lo afectivo, la creación, la magia, la metamorfosis y demás. La magia y la metamorfosis como fenómeno psíquico, valga aclarar, corresponden a un momento o modo psíquico y no a esencias. Debe entenderse por metamorfosis el proceso psíquico para imponer modificaciones alucinatorias a un objeto exterior. La magia, en cambio, sería el proceso psíquico para imponer la presencia alucinatoria de un objeto exterior inexistente.

En la metamorfosis, hay un objeto modificado y en la magia el objeto está ausente. La alucinación, en la primera, es creer en la forma inexistente del objeto, mientas, en la segunda, la alucinación es creer en el objeto inexistente. Estos dos ejemplos, dan los elementos para entender la problemática enfrentada cuando se estudian los fenómenos subjetivos. Es paradójico cómo los fenómenos subjetivos, con ser los menos aceptados para la ciencia, son los más expresados por el campesino del suroeste antioqueño. Acaparan la mayor parte de las participaciones psíquicas. Sus manifestaciones culturales y concepciones del mundo pasan por ellos. La tradición oral conserva, así, su vitalidad hasta nuestros días, aunque un tanto disminuida. Ello se debe a la incursión de los medios masivos de comunicación en los campos, causando traumatismos culturales.

Volviendo a la historia de Don Ananías, pese a conocer las características de la salvia, su padre se asustó. Ello se debe a varios factores. Uno de ellos se refiere a la puesta en situación de la tradición oral. Seguro, el padre de don Ananías estuvo en esta situación muchas veces, oyendo historias de espantos y aparecidos ante la luz mortecina de un fogón de leña. Dejó a su imaginación perderse en los más oscuros laberintos. Otro factor son los relatos oídos. Ellos evocaron en él, imágenes reforzadas por el único referente real de ese momento, los reflejos monstruosos de luz y sombra concentrados en el narrador. Relatos de hechos imaginarios, debido a la intervención de la exageración y referidos a una realidad no menos imaginaria, la del narrador.

El oyente llega a aceptar como reales los relatos, por las múltiples apariencias de lo real, presentes en el mismo. Es el caso de la atmósfera del relato, experimentada como real por sus sentidos, en ese momento. Esto se ve reforzado por la creación del espacio en el relato, mediante las continuas referencias a objetos conocidos para el oyente. Así las cosas, el oyente, y luego asustado trasnochador, no ve la salvia real, sino el monstruo, proyectado por el juego de reflejos de luz y sombra hacia su mente asustadiza. Asume como real, los reflejos de la luz y sombra dados por las hojas. Sobre los mismos proyecta todos los temores, dejados en él por antiguas narraciones. Es curioso observar cómo para él actuar sobre el ser imaginario, deba dejar de verlo. Por eso se baja el sombrero, antes de tirar el machetazo, para no ver al monstruo, impidiendo el paso. La visión inhibe la acción y no se lo debe ver para volver a ser sujeto de acción. La tradición oral, entonces, es la principal fuente de símbolos para el campesino del suroeste antioqueño. Esto está directamente relacionado con el tipo de participación frente a la naturaleza.

Luis Carlos Molina Acevedo

Interacción con la Naturaleza

El campesino antioqueño interactúa en la naturaleza de dos formas esenciales. Una es la transformación de la misma por el trabajo agrícola. Y la otra es la aprehensión, hecha de ella por la palabra. Para esta última, entran en juego todos los procesos psíquicos, los cuales tienen dos manifestaciones. Una es la de la proyección y la otra la identificación. En la proyección, el campesino impone su afectividad al mundo exterior. En ella aseguran su existencia los espantos y apariciones, leyendas, mitos y demás. Se diría, existen por la facilidad del campesino para alcanzar la alucinación y alienar las cosas por la proyección. Es decir, él proyecta sus necesidades indeterminadas, sus temores y su maldad en creaciones exteriores, luego ellas se le aparecen de frente para obligarlo a ser bueno, a ser cuidadoso, a ser fuerte, en fin, a ser mejor cada día, porque no está solo.

Se moldea la matriz de valores éticos y morales para cohesionar la vida social. Traigamos a cuento una vez más la historia del diablo referida anteriormente. Dicho perro negro con ojos, boca y nariz llameantes, es una creación colectiva sobre la cual se proyectó la maldad, luego ella se aparece a cada miembro de la comunidad para obligarlo a ser bueno, o a conservar ciertas costumbres.

Los espantos y aparecidos concentran, como si en ellos se realizaran, todas las necesidades psíquicas del campesino. Y entre ellas, ocupando el primer lugar, la necesidad más subjetiva: La inmortalidad. Por eso los muertos se niegan a abandonar este mundo y se aparecen a los vivos. Los hay buenos y malos, igual a como son los vivos en la realidad. Quizá no se encuentre a nadie, quien una vez, por lo menos, no se haya encomendado a las benditas almas del purgatorio. O quien no crea en el ángel de la guarda. O quien no crea en un santo de su devoción, quien anda con él a todas partes. Es la certeza de un acompañamiento celeste. Una protección permanente ante todo mal y peligro. Y como si fuera poco, seguimos la luz de una luciérnaga. La creemos un alma en pena de regreso al mundo de los vivos para mostrarnos el sitio dónde en vida enterró su dinero. Alrededor de este hecho se ha creado toda la imaginaria de las fortunas enterradas (entierros). Estos tesoros deben extraerse, para ayudar al difunto a alcanzar el descanso eterno.

La Identificación

En cuanto al proceso de la identificación, éste se presenta como inverso al anterior. La identificación asegura la existencia de brujas, de mohanes, de duendes, de poseídos por el demonio y demás. Ella permite al campesino apropiarse de unas cualidades y atributos exteriores a él. Éstos pueden estar presentes en objetos, animales, plantas o personas.

Es frecuente en las narraciones sobre el contrabando de tabaco, oír decir cómo el contrabandista se volvió un racimo de plátanos en el momento de ser capturado por el resguardo (autoridad de control para el contrabando del tabaco y del licor hecho en alambiques de particulares). La identificación señala a las personas, con quienes se debe tener cuidado y contra las cuales se debe estar prevenido. La identificación ubica los peligros externos. Mientras la proyección señala los peligros internos, dañinos para la persona. Pero estos procesos no solo funcionan para prevenir peligros, también incitan a imitar prototipos o modelos, como también se pueden dirigir al mal, mas estos casos, son marginales.

Luis Carlos Molina Acevedo

La transferencia

Hay un tercer proceso. Se aproxima a la concepción del fetiche, pero no es propiamente éste. En este fenómeno se da una fusión de la proyección y la identificación. Para llamarlo de algún modo, lo consideraremos como un tipo especial de transferencia con la cual, el campesino se provee de ayudantes y protectores concretos. Es típico encontrar cómo los ayudantes no desaparecen a los ayudados. Todo ayudado tiene cuando menos un monicongo o monigote, y por lo general de tres en adelante. El monicongo es una pequeña figura con forma humana, tallada con cera virgen (cera tomada de los sectores sin usar, en los panales de las abejas). Por lo general, son de color negro.

La transferencia, no es un fenómeno exclusivo de magos, también adopta otras formas entre las personas comunes. ¿Quién de nosotros no posee cuando menos un amuleto personal? En el monicongo, como en el talismán, se proyectan cualidades y atributos propios como el valor, la verraquera, en fin, todo lo mejor de sí. Esto por un lado, pero por otro, se lo identifica con modelos y prototipos reales. Ellos despiertan la admiración en la comunidad. Es decir, se transfieren al monicongo las mejores cualidades de sí, y a la vez, se le transfieren las mejores habilidades de otros, cuando el ayudado no se siente capaz de lograr éstas por sí mismo. Por eso se encuentran monicongos excelentes para la pelea a machete. Otros lo son para el trabajo y cuanta actividad se pueda imaginar. El monicongo realiza estas tareas para su dueño, a quien la comunidad admira por lo mismo, creyéndolo dueño de tales destrezas. No es el ayudado quien pelea, sino el monicongo quien acciona el machete para derrotar a los enemigos del ayudado.

Quiero aprovechar para familiarizar al lector con las figuras del mohán, el duende y los monicongos. El monicongo es un muñeco pequeño de cera virgen y no mayores a cinco centímetros de tamaño. La cera virgen es obtenida de los panales sin utilizar en las colmenas de abejorro. Después de algunos rituales con magia negra, el monicongo está en condiciones de realizar las tareas asignadas por su dueño.

El mohán por su parte, tiene una doble presencia en el suroeste antioqueño. Una está ligada al contrabando de tabaco durante casi toda la primera mitad del siglo XX. El contrabandista ha sido rodeado de fantásticas historias. A punto de ser capturado por el resguardo, se transforma en racimo de bananos. Los gendarmes, en consecuencia, solo encontraban el racimo provocativo y no resistían el no comérselo. Cuando se iban, el mohán aparecía sin camisa. Los gendarmes realmente se habían comido una camisa. Gendarme era el nombre dado al policía en Colombia, antes de la reforma de la policía en 1912 y se siguieron llamando así durante algunos años, mientras se dio el proceso de ajuste legislativo en los pueblos.

La segunda presencia del mohán, se refiere a la persona capaz de convertirse en animal. Se habla mucho del hombre, cuando está sin dinero, quien se vuelve cerdo, no sin antes pedir a un familiar o amigo, lo venda sin el lazo. Es muy enfático en este punto, por ningún motivo lo debe entregar con el lazo. Después de vendido, el mohán aparecerá sin camisa. Lo vendido, en realidad, fue la camisa.

En cuanto al duende, también se presenta de dos formas. Una es la del personaje para entretener, con juegos, a los niños. Los extravía cuando son enviados a hacer mandados (ir a hacer compras o llevar recados). Se aparece con la forma de un niño de gorro rojo.

La segunda presencia del duende, es la del ser travieso. Se ceba en las casas. Nadie dice haberlo visto, pero todos han oído y sufrido con sus maldades. Se lo oye en las noches cuando tira los trastos al suelo con gran estruendo. El durmiente al oír el estrépito, se asoma para saber qué pasa y encuentra todo en su sitio. Esta es una alucinación auditiva como sucede con la llorona. La forma de hacerlo ir, es poniendo en la casa un tiple (instrumento musical parecido a la guitarra, pero con la disposición de cuerdas en par y más delgadas) bien templado, pues el duende es un ángel caído quien al oír la música, recuerda las gracias perdidas y no puede soportarlo, por eso se va.

La tradición oral, además de ser el medio de participar de manera ideológico-cultural por excelencia del campesino, cumple con unas funciones sociales dentro de la comunidad. Para apreciar mejor esto, veamos la historia referida por Cecilio Vásquez, nacido en Fredonia y con ochenta y ocho años de edad al momento de la entrevista:

"Estando yo chiquito, muy chiquito todavía, me mandaron por agua. Había un charco donde cogíamos el agua, había unas matas de Marciega (Paspalum Virgatum L.) y ahí había unos niditos de pinche (Zonotricha Capensis), tenía unos pichoncitos y yo saqué los pichoncitos. Estaban peladitos y me los metí al bolsillo. Y aquel muchacho que andaba conmigo, fue y le dijo a mi mamá que yo tenía los pichoncitos pelados en el bolsillo. Allá en la casa, había dos. Y entonces cogió un rejo mi mamá para pegarme y entonces yo salí en carrera. Y ella detrás. Cuando me dijo: ¡No sigás (sigas) corriendo que se te aparece el diablo! Ella me dice así, cuando un perrazo negro, ¡oye!, pero tamaño perro. No se podía decir eso, eso era otra cosa muy difícil (alteración del tiempo narrativo). Una cola como de dos varas y unos ojos y botando chispas. Ella misma se asustó al ver eso. Y yo vi eso y me devolví. Y me arrodillé a los pies. Y ella se puso a rezar la Magnificat (oración dedicada a la Virgen María). Eso no se podía comentar una cosa de esas, era muy peligroso".

Como se ve en la historia anterior, la tradición oral cumple con dos funciones sociales esenciales. Una educativa y la otra terapéutica. Es didáctica en cuanto trasmite unos patrones de comportamiento al individuo dentro de la comunidad. Y es terapéutica en cuanto posibilita el equilibrio emocional del campesino.

Desde antes de surgir el psicoanálisis, el campesino

ha acudido a la tradición oral para librarse de sus demonios interiores, de sus fantasmas y deseos reprimidos. Superar sus frustraciones frente a la naturaleza. Deteniéndonos en la historia anterior, el diablo se presenta cuando se hace conciencia de la desobediencia. Pero aquí, a diferencia de la salvia, el proceso es más complicado.

Mientras en la salvia se hacía una reconstrucción alucinatoria a partir de una forma concreta, percibida de forma distorsionada por los sentidos, aquí la alucinación es total. Se cree ver en el exterior la imagen mental del diablo. Una imagen mental apropiada a partir de reflejos de luz y sombra creados por relatos de la tradición oral y luego proyectada al exterior. Es como si un proyector cinematográfico lanzara la imagen a una pantalla negra, para darle vida a los contrastes de luz y sombra. El perro, en consecuencia, es negro y despide llamas por los ojos.

Casi todas las historias de este tipo coinciden en afirmar cómo el fuego es lanzado por ojos, boca y nariz. Se hace presente una vez más la imagen monstruosa del narrador. Es decir, se ha pasado del momento subjetivo de la salvia, al momento mágico. En otros términos, al momento de las apariciones y desapariciones. Se da existencia física a una imagen mental, creada en el pasado por las narraciones orales. En la mata de salvia se reconoce la visión producto del miedo y por lo tanto, un fenómeno subjetivo en cuanto momento naciente, difuminado, vaporoso e inefable. Esto se evidencia cuando al protagonista de la historia le quedaron restos de valor para enfrentar al fantasma. Se le corta uno de los oscuros brazos, para lograr pasar, continuar el camino. En la segunda narración, en cambio, se reconoce a la visión como un objeto exterior y por tanto, como un momento mágico. Aquí la identificación se toma literalmente substanciada. Aquí la proyección alienada, perdida, fijada, de la desobediencia, se vuelve un demonio con forma de perro gigante. No sobra decir algo adicional, ésta es la figura del diablo aceptada en el suroeste antioqueño.

Llegado a este punto, debo confesar, nunca presté mayor atención a esta peculiaridad de nuestro diablo. Siempre lo acepté como algo universalmente concebido. Esta concepción no cambió ni con el conocimiento del macho cabrío europeo. La dicotomía entre mi pensamiento y la realidad como algo exterior vista desde lejos, se produjo en El Carnaval de Riosucio 1989, departamento de Caldas - Colombia. Por primera vez asistía allí y se produjo en mí algo mágico. Un velo se desprendió de mis ojos cuando ante mí descubrieron a El Diablo. Allí estaba él con sus cuatros cachos y el calabazo lleno de guarapo, pero sobre todo, con unas despampanantes alas de murciélago. Por contraste, valoré como nunca a ese perro gigante con ojos rojos como el fuego y aliento llameante por boca y nariz. Ese diablo en nuestra infancia amenazaba llevarnos con él, por desobedientes.

Este diablo nuestro tiene una representación muy particular, así no se encuentre una forma física concreta. Sospecho está inspirado en el perro Cerbero. Éste cuida la entrada al infierno, según la mitología. Pero los dos no son el mismo perro.

El Diablo de Riosucio en forma de murciélago y el perro nuestro, dejan en mí una pregunta sobre las múltiples representaciones de un mismo símbolo, acorde con la realidad de cada pueblo. Y sobre todo, pueblos tan próximos geográficamente como lo son Fredonia (departamento de Antioquia) y Riosucio (departamento de Caldas), en Colombia. Un estudio más concienzudo sobre este tema, arrojaría profundos indicios sobre la forma como adquirimos esos símbolos sedimentados en nuestra psiquis y con los cuales se supone, nacemos. Pero los mismos siguen siendo un enigma.

Luis Carlos Molina Acevedo

El tráfico Simbólico

Por ahora ocupémonos del simbolismo en permanente renovación. En la tradición oral está muy presente este acto del simbolizar. Es evidente la capacidad del narrador para dar sentido a los hechos, cosas, animales, plantas y personas. Dicho otorgamiento es captado y apreciado, a su vez, por los oyentes. El campesino tiene gran capacidad para traficar con significados no sensoriales.

Tenemos un caso bastante representativo, el de la penca de sábila utilizada para proteger casas y negocios. Dicha planta es comprada o llevada a una persona. Ella con rezos le otorga la virtud de proteger una morada. Este otorgamiento o virtud es comprendido y aceptado por la comunidad. Pero antes, la comunidad debió otorgarle al rezandero el atributo de poderes sobrenaturales y aceptarlo y reconocerlo como tal. Es decir, el tráfico de significados no sensoriales, o el simbolizar, es un acto colectivo. En virtud de esto, se otorga a una planta significados que, como la protección de la penca de sábila, no pueden ser percibidos por los sentidos. El tráfico de significados no sensoriales es el factor determinante de la dialéctica simbólica. La penca no protege hasta después de imponer dicho significado y así sucede con muchos otros símbolos, adoptados por los grupos para circunstancias especiales. La penca como tal no protege. Lo hace si se le ha aplicado el respectivo ritual.

Sigue siendo una incógnita la razón por la cual una comunidad le asigna a una planta la capacidad de proteger. Aludo con ello al espacio del símbolo encarnado, a la aceptación del significado no sensorial, como algo vívido.

Para claridad del lector, es importante señalar las características de la creencia en la penca de sábila como protección. Consiste en arrancar una mata de penca sábila (Aloe de Vera) y hacerle el ritual de purificarla mediante el lavado con agua corriente. Luego se le reza una oración para transferir el poder de proteger el recinto en donde se encuentre. Se le ata una cinta morada alrededor del tallo, junto de la raíz. Y finalmente se cuelga detrás de la puerta de ingreso a la casa a proteger. Desde ese momento, las personas malvadas no podrán pasar del umbral de la puerta, y en consecuencia, no podrán hacer daño a los moradores de la casa.

Si hemos de reconocer en el campesino antioqueño una gran capacidad de simbolizar, no se debe olvidar cómo esa capacidad para simbolizar, es la característica esencial del lenguaje articulado. Una simple plegaria, pronunciable para cualquiera, en labios de un curandero, rezandero o ayudado, adquiere una especial significación. No tiene un alcance igual si la oración es rezada por una persona del común.

Imaginaria de la Exageración

Con la oración, se confiere a una planta el poder de proteger. Igual sucede en los reflejos de luz y sombra, donde la palabra articulada muestra su gran poder. La palabra de la tradición oral, entonces, adquiere su máximo alcance simbólico, cuando se la mira en el contexto somático. Es decir, en cuanto habla de una persona determinada.

Se preguntará, entonces, qué objeto tendría estudiar la tradición oral. Esta pregunta halla su respuesta en una afirmación anterior. Los miembros de una comunidad son igualmente traficantes de significados no sensoriales, al otorgar un cierto sentido a determinados personajes y considerarlos portadores del saber. A ellos asigna la tarea de narradores orales y de informantes en el momento de la investigación. Este solo acto del simbolizar, conlleva a un hecho evidente, todo acontecimiento de la región, debe pasar necesariamente por estos miembros.

El narrador de tradición oral, se convierte en una especie de consciencia moral de la comunidad. Primero como testigos presentes o como oyentes, y luego como realimentando el proceso, debido al papel asignado por la comunidad. Este otorgamiento es reconocido y aceptado por el colectivo de personas. Esta capacidad de simbolizar del campesino antioqueño, le confiere cierta particularidad en el contexto nacional, y esta capacidad de traficar con sentidos no sensoriales, sigue sin ser abordada por los estudiosos. Máxime cuando es este traficar con sentidos no sensoriales, el revelador de una dialéctica del símbolo, la cual se debe mirar diacrónica y sincrónicamente.

Luis Carlos Molina Acevedo

Aprehensión de la Realidad

En la tradición oral percibimos las necesidades de todo lo imaginario, de todo ensueño, de toda magia, de toda estética: la vida práctica no las puede satisfacer. Es preciso entender cómo en la tradición oral, la magia, la afectividad y la estética no son esencias, sino momentos o modos psíquicos del proceso de participación subjetiva. Por ellos, se expresan las necesidades indeterminadas, o sea los procesos psíquicos en su materialidad naciente o en su residualidad decadente. O para decirlo en términos del simbolizar, por ellos se expresan los símbolos nuevos, requeridos para darle sentido a la realidad, y se asoman aquellos en decadencia. Éstos ya no aprehenden la realidad con la emoción, demandada por el oyente.

La participación es la presencia concreta del hombre en el mundo y la tradición oral es el espejo de esas participaciones y realidades del campesino del suroeste antioqueño. Estamos en mora de consultar estas participaciones y realidades para proyectar en el presente y hacia el futuro, una cultura autóctona.

Mientras nos seduce la culturización extranjera,

ignoramos cómo es nuestra cultura. Es difícil hallar el camino apropiado, dentro de una cultura global donde no se visibiliza a las culturas locales, o si se las visualiza es para ridiculizar sus productos. Ignoramos el origen oral de nuestra cultura y cómo apenas sí damos los primeros pasos a una cultura escrita. Por eso, si los medios masivos de comunicación no consultan este espejo, seguirán causando traumatismos culturales.

En la ciudad se nos olvidó, de pronto, cómo las ciudades crecieron y se poblaron con los emigrantes campesinos expulsados por La Violencia política. Por tanto, el referente cultural conserva mucho de lo agreste. Asistimos, en consecuencia, a una preocupante falta de identidad cultural. Y quizá lo más sorprendente, es encontrarnos ante una impotencia impresionante frente a ella. Debido en parte, a la ausencia de estudios sobre estos espejos de la participación subjetiva y por ende, de la tradición oral.

Si algo muestra estas investigaciones, es cómo el campesino emigrante a la ciudad, conserva su manera de percibir y aprehender el mundo. Cuando es enfrentado a situaciones artificiales, sin referente en su realidad, padece frustraciones y contradicciones. Acostumbrado a aprehender la realidad por la percepción práctica, ya no encuentra los elementos para ello. Es decir, ya no hay los elementos para una reconstitución de conjunto a partir de signos. Falta la tradición oral donde se plasman las exigencias esenciales de la percepción práctica.

En la tradición oral la fantasía tiene la apariencia de la objetividad y las estructuras de la subjetividad. Todo se inscribe en un proceso donde lo imaginario es el fermento del trabajo de sí sobre sí y sobre la naturaleza. A través de la tradición oral se construye y desarrolla la realidad del hombre del campo antioqueño.

Es aquí donde podemos encontrar la mayor particularidad del hombre antioqueño. El antioqueño es constante en el ejercicio de la imaginación y por ello, un hombre recursivo para resolver los problemas, impuestos por la vida diaria. No es gratuito el dicho cuando dice: "El antioqueño nunca se vara". El antioqueño hace del trabajo una necesidad de apartar las imágenes para fijarlas en utensilios nuevos. Para el antioqueño, el relato oral no es un simple recuerdo simbólico, sino un acto concreto para manejar una realidad trascendente con palabras eficaces y certeras.

En el relato oral hay una utilización de lo imaginario para ejercer una función terapéutica en las generaciones jóvenes. La tradición oral es el prototipo con una función arquetípica para el campesino. Este la capta desde la espesura mental de la imaginación como un mundo concreto, poblado de fantasmas y aparecidos y palabras características. A partir de la tradición oral, él recrea las significaciones no oídas. Éstas lo hacen apto para enfrentar todas las dificultades de la vida cotidiana. Lo imaginario concede al campesino antioqueño la rapidez para resolver los obstáculos a su trabajo del día a día.

Es preciso, en consecuencia, poner freno al comercio de símbolos, realizado por los medios masivos de comunicación, pues no consulta nuestras apetencias y necesidades. Para ello debemos emprender una crítica donde se entre a considerar a la tradición oral como un sistema estructurado. Así se evidenciará cómo el sentido de los componentes no está tanto en el contenido histórico correspondiente, sino en el sistema de relaciones formales, establecido en sí. De esta manera se libera el texto para restituir su abundancia semántica, reconstituyendo los códigos y los modos de significación en los cuales se sustenta. La tarea inmediata, en consecuencia, es poner por escrito la palabra física de la tradición oral. Ella pondrá continuamente en cuestión nuestra organización de lo real, nuestra escala de valores, nuestras aspiraciones, y en cuanto a los medios de comunicación, nuestra forma de construir los mensajes.

A Modo de Recapitulación

En el transcurso de estas páginas, nos hemos encontrado con múltiples conceptos, relacionados entre sí. Para aclararnos, hagamos una recapitulación a modo de clasificación. La tradición oral en el suroeste antioqueño, de acuerdo con lo expuesto, se fundamenta en el proceso donde se articula lo simbólico, lo imaginario y lo real, aunque se reconoce un énfasis puesto en lo imaginario y lo real.

En cuanto a lo imaginario, es adquirido culturalmente y recreado inconscientemente con dos elementos básicos: la puesta en situación y la realidad deformada por la palabra. De esta manera se transmite la realidad aprehendida con imágenes verbales y por tanto de forma subjetiva. Todo esto es posible, gracias al manejo hecho por el hombre sobre dos tipos de fenómenos psíquicos: los objetivos y los subjetivos. Los subjetivos dominan sobre los objetivos en la concepción del campesino antioqueño de sí mismo y del mundo.

Los fenómenos psíquicos subjetivos tienen tres manifestaciones: la proyección, la identificación y la transferencia. En el campesino del suroeste antioqueño tienen presencia las dos primeras con más fuerza. Ellas hacen a estas personas particulares, por las manifestaciones y el uso práctico dado, de manera inconsciente. Estas manifestaciones psíquicas dotan a estas personas de habilidades particulares en el contexto nacional. La presencia de la transferencia, en cambio, es casi nula. Se puede hablar en vez, de un tipo especial de transferencia, como una fusión de la proyección y la identificación.

Dichas manifestaciones subjetivas tienen, además, ciertos grados, denominados modos: afectivo, mágico y metamorfosis. Hay otros modos o momentos no tratados aquí, solo se desarrollan los anteriores por ser los directos implicados en los fenómenos, aquí denominados, reflejos de luz y sombra, en cuanto creaciones imaginarias. Para ilustrar dichos fenómenos, tomé dos ejemplos.

En la salvia observamos cómo se daba el momento de metamorfosis. La planta fue transformada de forma psíquica en un monstruo, en una mano gigante. Se reconoció una imagen mental en un ser concreto y luego se volvió a restituir el objeto exterior al día siguiente, cuando ya no estaba presente el juego de luces y sombras. Con el perro negro, en cambio, se impuso un momento mágico. Es decir, se hace aparecer externamente a un animal y se lo hace desaparecer con una oración o plegaria. Se ajusta al fundamento de la magia, apariciones y desapariciones. Esta historia es todavía más sorprendente por el aspecto particular, revelado por don Cecilio Vásquez, sucede en el día. Las demás historias, recogidas al respecto, suceden en la noche.

En cuanto al momento afectivo, su presencia más significativa está durante la puesta en situación. Este momento es crucial para provocar en el oyente el desdoblamiento bajo un estado de alta sensibilidad y volverlo fácilmente sugestionable, así lo imaginario se apodera de él. La voluntad se torna en sugestión. Llegamos, así, al gran motor de la tradición oral: la sugestión. Ella pone en ejecución el proceso donde se articula lo simbólico, lo imaginario y lo real en la tradición oral y por ende, en la cultura antioqueña.

La sugestión es la gran potencia. Ella le da existencia a seres inexistentes como la Madremonte, el Mohan, al diablo con forma de perro negro, a la Patasola (personaje mítico con una sola extremidad inferior), al jinete sin cabeza, y mil seres más, habitando el mundo de la imaginación. Si la voluntad es la potencia de los fenómenos psíquicos objetivos, se puede afirmar, en consecuencia, la sugestión es la potencia de los fenómenos psíquicos subjetivos. En ese caso, se debe definir a la sugestión como la facultad de crear seres o cosas no aprehendidas por los sentidos.

Luis Carlos Molina Acevedo

Conclusión.

Ahora conocemos un poco qué sucede en la tradición oral. Se puede tener un juicio más acertado para comprender qué nos está pasando en la actualidad. Nadie niega el hecho de estar asistiendo a una falta de identidad cultural preocupante. Dicha falta de identidad comienza aquí, en la tradición oral y en la carencia de un reemplazo dialéctico para la misma. El narrador inconscientemente dependía de la puesta en situación y sobre todo en lo referente a los reflejos de luz y sombra, para desempeñar su papel. Tal situación le posibilitaba transmitir la cultura de generación en generación de una forma casi concreta, sin lugar para las distracciones. Su palabra se volvía realidad encarnada.

Un buen día los campos fueron invadidos con la electricidad y la iluminación derrotó las sombras. Desde entonces las brujas, las patasolas, los mohanes, los espantos y aparecidos gritaron su agonía. Ya creo oír las protestas de aquellos enemigos de lo subjetivo. Ellos solo ven en los mitos y las leyendas, la ignorancia de las gentes. Cuando fueron esos mismos enemigos de lo subjetivo, quienes siempre se negaron a mirar de cerca estos fenómenos para tener argumentos con qué respaldar sus objeciones. Y no solo no se acercaron, además impidieron a otros hacerlo. Quizá estas personas nunca se han detenido a pensar, qué les pasaría si algún día dejaran de soñar, se quedaran sin sueños. Entonces tendríamos a más de un desequilibrado emocional y a muchos suicidas al ver fenecer sus aspiraciones.

No se vislumbra un relevo con la misma vitalidad y fuerza de la tradición oral para fabricar mundos imaginarios. Quizá el único remedio sea aumentar los hospitales mentales y sanatorios para tratar de aliviar los desequilibrios orgánicos, armonizados antes mediante procesos psíquicos subjetivos. Éstos eran activados por la palabra del narrador oral.

Es preocupante oírle decir al campesino, eso era antes, ahora ya no se ven brujas, eso se acabó. Es decir, se murió la escuela de la imaginación y de pronto nos quedamos sin habla, antes de aprender a escribir. Nos quedamos, tal parece, sin guardianes para nuestra cultura. Esta situación se agudizó con la irrupción invasora de los medios masivos de comunicación, transmisores de culturas extrañas.

La electricidad exilió los símbolos propios para deslumbrarnos y llevarnos al sometimiento conquistador y su culturización. Entonces vino la crisis, el antioqueño perdió su capacidad emprendedora, y su caudal imaginativo lo está utilizando para delinquir. El imaginario se trasladó al referente ofrecido por el conquistador. Éste parece decirnos, el bienestar solo es alcanzable si puedes matar. En las pantallas solo se ve a gente disparando sus armas y a nadie trabajando. No es gratuito, haya sido en Antioquia donde se creó el prototipo del sicario y el narcotraficante. Prototipos exportados con éxito, porque el problema de la culturización está precisamente ahí, nunca es asimilada con los fines maniqueístas para los cuales fue creada. Siempre está condicionada al ingenio de quien la recibe.

El estado de cosas en la actualidad, se debe a ese tráfico de símbolos con fines mercantilistas. El antioqueño ha debido trasladar el ejercicio de su imaginación a actividades artificiales, por fuera de su realidad. El campesino y el antioqueño perdieron la actividad fundadora de su cultura. Ella los llevó a ser las personas de empuje en el mejor de los sentidos y las distinguió a nivel nacional e internacional. Ahora ese sentido se ha desviado.

Muy a la ligera llevamos el progreso al campo sin haber consultado las apetencias y necesidades. No soy ingenuo para pretender detener el progreso, pero debo criticar la despreocupación posterior para medir las repercusiones sociales de tal progreso. De un momento a otro decidimos invadir al campo de electrodomésticos y nos olvidamos de averiguar si causó traumatismos. Es cierto, el progreso rompió con muchas cosas en el mundo, pero a la vez ha ofrecido recompensas.

Cuando el progreso destruyó los mitos, los cuales por tanto tiempo le dieron sentido a la existencia del hombre, ofreció a la humanidad algo a cambio: el cine, ese revitalizador de mitos, negándose a morir. ¿Qué le estamos ofreciendo nosotros al campesino para hacer de su existencia algo con sentido, sin perder esa capacidad imaginativa, con la cual tomamos la delantera en los aspectos de la vida social y económica?

Muchos temas se quedan sin considerar y otros a medio considerar en este ensayo. Otros tantos pueden causar polémicas, pero estimo, las polémicas siempre dejan algo de provecho. De todas maneras, no se debe olvidar, éstas son conclusiones parciales de una investigación no acabada ni agotada. Este ensayo, creo, aporta elementos importantes para el conocimiento del hombre antioqueño y su forma simbólica de actuar. Con ello se contribuye a no seguir tratando a éste como un arquetipo estático. Y en especial al campesino, en quien reconozco una gran capacidad para aprehender los conocimientos tradicionales a partir de la adopción de modelos pragmáticos de la realidad ya conocida y codificada.

Ya está lista la merienda. Las arepas de choclo, calientes y humeantes, expelen un provocativo aroma. Nos invita a saborearlas con el chocolate espumoso hecho de fruta de cacao molida en casa. Ahora perfuma el ambiente, hasta alborotar el apetito. Los invito a disfrutar de tan tentadora merienda, vamos.

www.ingramcontent.com/pod-product-compliance
Lightning Source LLC
Chambersburg PA
CBHW070811290526
45795CB00002B/681